Slavica Bogdanov

Petit cahier d'exercices

pour pratiquer la loi de l'attraction

Illustrations Jean Augagneur

jouvence ÉDITIONS

Petit Cahier
Sport cérébral du bien-être

Dans la même collection PETIT CAHIER

Petit cahier d'exercices pour pratiquer Ho'oponopono, Marieli Hurtado-Graciet, 2013

Petit cahier d'exercices pour soulager les blessures du cœur, Colette Portelance, 2013

Petit cahier d'exercices pour identifier les blessures du cœur, Colette Portelance, 2013

Petit cahier d'exercices des fabuleux pouvoirs de la générosité, Yves-Alexandre Thalmann, 2013

Petit cahier d'exercices de la psychologie positive, Yves-Alexandre Thalmann, 2012

Petit cahier d'exercices de tendresse pour la Terre et l'Humain, Pierre Rabhi & Anne van Stappen, 2012

Petit cahier d'exercices de pleine conscience, Ilios Kotsou, 2012

Petit cahier d'exercices des quatre accords toltèques, Patrice Ras, 2011

Catalogue gratuit sur simple demande

ÉDITIONS JOUVENCE
BP 90107 – 74161 Saint Julien en Genevois Cedex
Suisse : CP 184 – 1233 Genève-Bernex
Internet : www.editions-jouvence.com
Mail : info@editions-jouvence.com

ISBN 978-2-88911-408-5

Couverture et maquette intérieure :
Stéphanie Roze Éditions Jouvence
Mise en page : Interscript

Avant-propos

Le but de ce petit cahier d'exercices est de vous apprendre à attirer le meilleur à vous dans tous les aspects de votre vie grâce à la loi de l'attraction. En suivant les conseils et les exercices présentés dans ce petit cahier, vous serez à même d'utiliser la loi de l'attraction de façon positive. Vous serez alors en mesure d'attirer à vous tout ce que vous désirez.

Avec ce petit cahier, vous apprendrez à vous débarrasser de l'énergie négative qui mine votre quotidien. Les notions diffusées ont pour objectif de vous mener vers une plus grande paix intérieure, une vie plus heureuse et plus harmonieuse. Vous obtiendrez les outils nécessaires pour vivre au meilleur de vous-même et devenir le maître de votre Univers intérieur.

Ce petit cahier a été développé pour les personnes qui désirent augmenter la qualité de leur vie. Les exercices et notions de cet ouvrage ont été élaborés au cours de nombreuses années de recherches et d'études. Ils ont fait leurs preuves en permettant à de nombreuses personnes de transformer leur vie pour le meilleur.

En maîtrisant les concepts proposés dans ce petit cahier, vous aurez, vous aussi, l'opportunité d'améliorer grandement votre vie et celle de ceux qui vous entourent. Bravo, vous avez commencé une merveilleuse aventure vers le succès.

Qu'est-ce que la loi de l'attraction?

La loi de l'attraction est une loi universelle présente à tout moment. À sa plus simple expression, elle s'explique par «ce qui se ressemble s'assemble».
Tout ce qui vous entoure est composé d'énergie: vos corps, la nature... et même vos pensées. La loi de l'attraction stipule que l'énergie produite par vos pensées attire une énergie similaire.

«L'énergie ne peut être créée ou détruite, elle ne peut que changer de forme.» Albert Einstein

Les pensées sous forme d'énergie émise se transforment et donnent naissance à d'autres formes d'énergie qui vont attirer les expériences que vous vivez. La loi de l'attraction existe que vous y croyiez ou non.

Vous attirez constamment à vous (soit délibérément ou par défaut) les expériences qui reflètent vos pensées.

Ce sur quoi vous portez votre attention prend de l'expansion.

La puissance d'attraction produite par l'énergie de votre pensée est proportionnelle à l'émotion qui y est associée. Plus l'émotion que vous ressentez en pensant à quelque

chose de particulier va être forte (positive ou négative), plus vous allez attirer les mêmes circonstances dans un avenir rapproché. En d'autres termes, **ce à quoi vous pensez le plus souvent (en y associant une émotion), vous l'attirez dans la vie.** La plupart des gens vivent en réaction face à ce qu'ils n'aiment pas (les dettes, la maladie, un manque au niveau relationnel). Par conséquent, ils attirent à eux davantage de raisons de se plaindre. Vous pouvez apprendre à utiliser la loi de l'attraction pour vous attirer le meilleur dans la vie. Il est préférable de suivre certaines étapes pour assimiler ses principes et les maîtriser.

Comment appliquer cette loi universelle

Étant donné que tout est énergie (même nos pensées) et que toute énergie attire une énergie similaire par la force de la loi de l'attraction, il est nécessaire d'émettre des pensées positives pour attirer plus d'événements positifs dans sa vie. Nous sommes souvent plus réceptifs aux histoires de malchance et croyons aux journées qui commencent du « mauvais pied ». Si vous diffusez de l'énergie négative par vos pensées, paroles et sentiments, vous attirez à vous des gens, des événements et expériences négatives.

En fait, grâce à la loi de l'attraction, vous attirez à vous la journée à laquelle vous vous attendez. En utilisant la loi de l'attraction positivement, vous avez l'option de commencer chaque journée du « bon pied », d'avoir plus de « chance » et d'attirer à vous tout le meilleur que vous pensez mériter.

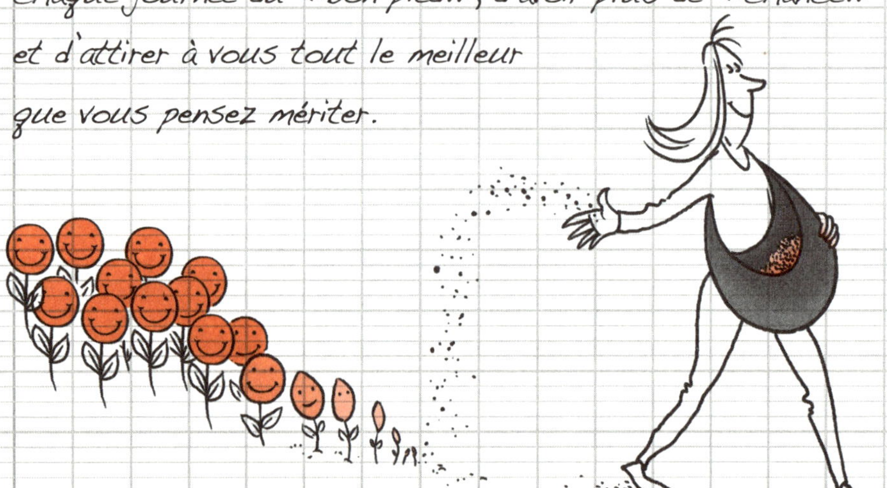

« Si vous changez votre façon de regarder les choses, les choses que vous regardez changent. » Dr. Wayne Dyer

Si vous pensez, parlez et agissez positivement, vous émettez des émotions et énergies positives. Par conséquent, vous allez attirer des gens, événements et expériences positives dans votre vie. Il est donc dans votre intérêt de changer votre énergie intérieure afin de vous attirer le meilleur.

Comme tous ceux qui utilisent la loi de l'attraction positivement, vous expérimenterez des hasards et coïncidences fortuites. Vous aurez l'impression de vivre de plus en plus de moments magiques. Les gens autour de vous seront surpris et vous demanderont d'où provient votre chance.

Vous avez la possibilité de transformer votre vie.

Vous avez ce choix.

En réalité, votre seule responsabilité dans la vie est de réussir votre bonheur. Vous pouvez atteindre le succès que vous souhaitez dans tous les domaines de votre vie. Cela ne tient qu'à vous.

Responsabilisation

Afin de pouvoir utiliser pleinement la loi de l'attraction pour vous attirer le meilleur dans la vie, il est important de reconnaître votre part de responsabilité dans tout ce qui vous arrive.

C'est la première étape et parfois la plus difficile : accepter sa responsabilité dans chaque événement qui s'est produit dans sa vie. Sachez que vous attirez à vous les expériences positives autant que les problèmes.

Vous ne pouvez blâmer personne pour votre situation actuelle. Vous êtes seul responsable.
Décrivez ci-dessous un événement que vous considérez particulièrement négatif et notez votre part de responsabilité.

....

....

....

....

Les pensées créent les paroles
Les paroles créent les actions
Les actions créent les habitudes
Les habitudes forgent votre avenir

Vous récoltez ce que vous avez semé: le présent est le résultat de vos actions passées. Donc, le futur sera le résultat de vos pensées présentes. Si vous ressassez le passé aujourd'hui, vous le reproduirez demain.

«Ce que nous voyons dans notre présent n'est que le résiduel de nos pensées et actions passées.» James Arthur Ray

En acceptant cette logique, vous allez accroître exponentiellement vos capacités à modifier votre futur.

En effet, si vous êtes seul responsable de votre avenir, vous avez toute la liberté d'en faire ce que vous désirez.

En modifiant votre façon de penser et de vous comporter, vous changerez votre futur.

En sachant que vous êtes pleinement responsable de votre présent, vous êtes le seul garant de votre futur. Vous avez le pouvoir de transformer votre vie. Le passé n'a plus aucun pouvoir sur votre avenir.
Afin d'apprendre à changer votre futur, vous pouvez commencer par changer le sens de votre passé, en retirer les leçons et le laisser là où il est à sa place : dans le passé.

Écrivez une histoire personnelle que vous considérez comme un échec et changez sa signification. Décrivez les événements tels qu'ils se sont produits sans y attacher aucune émotion. Tirez ensuite les conclusions de cette histoire. Réécrivez l'événement tel que vous auriez aimé qu'il se termine.

....

....

....

....

....

....

....

L'échec : Un premier pas vers le succès

Suite à l'échec, il y a le succès. L'un ne peut aller sans l'autre et la tempête ne peut continuer à survenir éternellement. Sachez que le soleil brille au-dessus des nuages et finira par se montrer. Apprenez de vos échecs et acceptez-les comme des leçons de la vie. Si vous ne tirez pas la leçon d'une erreur commise, vous risquez de la refaire. Une fois que vous avez compris, avancez.

« Tout le monde veut des surprises. Mais on ne veut que les surprises auxquelles on s'attend. Les autres, on les appelle des problèmes. Cependant, nous avons besoin des deux pour grandir. »
Anthony Robbins

L'échec représente souvent le résultat d'une habitude néfaste qu'il est nécessaire de modifier.

L'échec peut également vous renseigner sur un déséquilibre prononcé dans un domaine de la vie : les finances, la famille, la santé. Ne taxez pas un secteur de votre vie pour tenter d'en réussir un autre.

L'échec reflète souvent un manque de confiance en soi car beaucoup vont accepter certaines circonstances pénibles par dépit ou découragement : « c'est mieux que rien ».

L'échec survient à long terme lorsque l'on n'a pas su dépasser ses propres limites (encore par manque de confiance en soi). Il se traduit souvent par des regrets : des « j'aurais dû, j'aurais pu ». Apprenez à sortir de votre zone de confort.

Pour apprendre à marcher, il faut être prêt à prendre le risque de tomber et tomber peut être une leçon de plus pour apprendre à marcher. Un échec arrive lorsque l'on attire vers soi une situation que l'on ne voulait pas. Il est important de se concentrer non sur la peur de l'échec mais bien sur le résultat que l'on veut obtenir.

Afin d'être en mesure d'améliorer sa vie, il est important de faire un constat de votre situation actuelle pour savoir ce que vous souhaitez améliorer.

Dans la roue ci-dessous, **décrivez votre niveau de satisfaction de 1 à 10** (10 étant le plus haut niveau) **relatif à chaque secteur de votre vie.** Si vous n'êtes pas à 10, décrivez en une phrase ce qui pourrait augmenter ce chiffre.

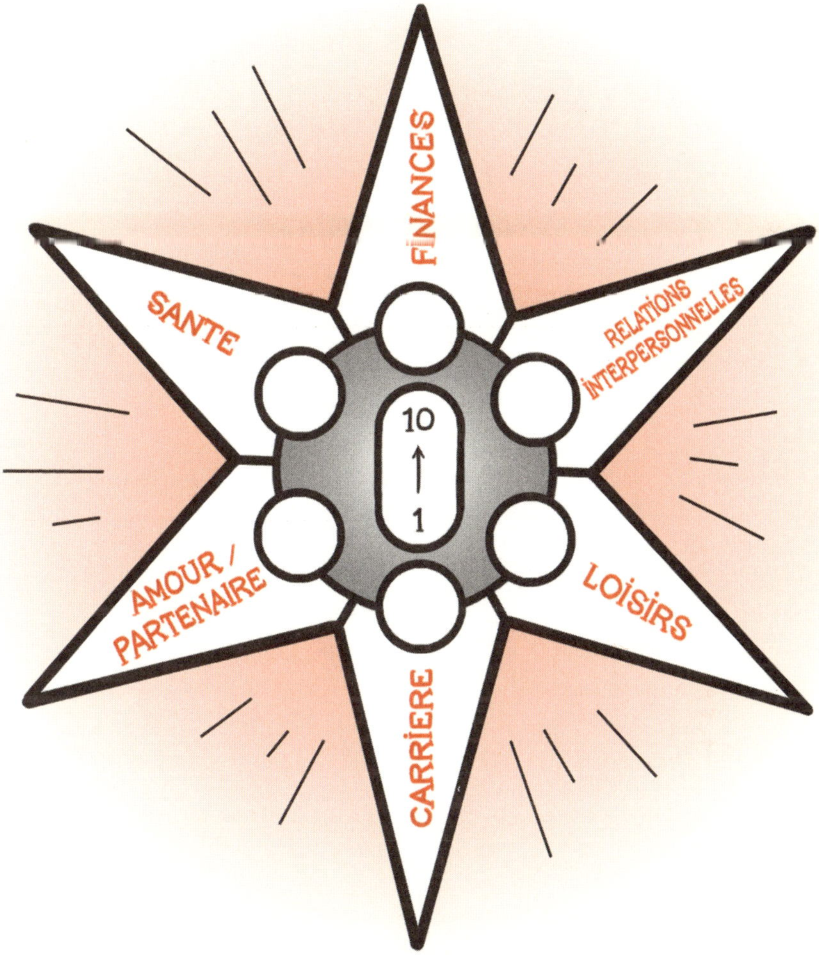

Vous bénéficiez de vos problèmes!

En plus d'être responsable de tout ce qui se produit dans votre vie, il est nécessaire de se rendre compte du bénéfice que vous retirez de chaque situation que vous vivez. En effet, vous ne vous trouveriez pas là où vous êtes aujourd'hui si rien ne vous encourageait à demeurer dans cette situation.

Prenez une condition que vous aimeriez changer. Par exemple, avoir plus d'argent. **Notez ci-dessous cinq avantages que vous trouvez à ne pas avoir assez d'argent.** Cela vous fera voir les choses sous un autre angle. Par exemple, vous pouvez considérer que le changement est plus dur à supporter que la routine, même si c'est une routine qui semble insupportable. Certains aiment l'attention qu'ils reçoivent lorsqu'ils se trouvent en difficulté et donc se retrouvent souvent en difficulté. Pour d'autres, c'est la recherche du défit constant qui leur procure un état de bien-être et, pour cette raison, ils n'arrivent pas à vivre «à l'aise».

....

....

....

....

....

Cela nécessite de l'honnêteté envers vous-même et, grâce à elle, vous arriverez à améliorer votre vie. En mettant en lumière les bénéfices que vous retirez de chaque problème, vous serez à même de changer ce conditionnement et de le remplacer par une meilleure forme de gratification.
Vous attirez à vous chaque circonstance de votre vie.
Sachez pourquoi vous les attirez et apprenez comment ne plus les attirer en modifiant les raisons et motifs qui vous poussent à agir.

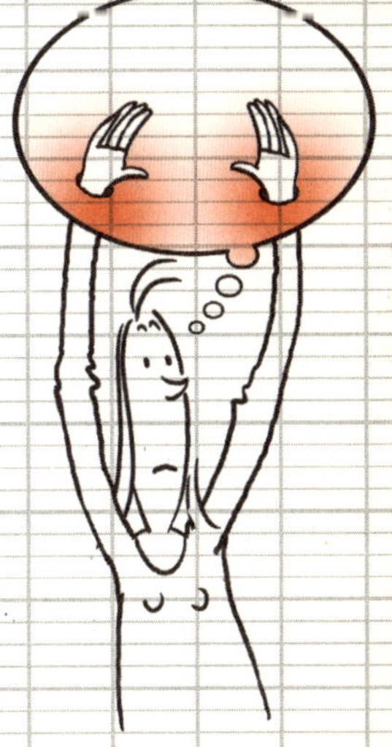

Pensez positivement

Afin de s'attirer le meilleur dans la vie, il est important d'utiliser des pensées positives.
Si vous pensez au manque, aux dettes, aux malheurs, vous vous en attirerez davantage.
Pensez positivement semble plus difficile de prime abord.
En effet, nous avons tous tendance à nous répéter certaines phrases négatives.
De plus, nous possédons tous un «saboteur» intérieur.

Le « saboteur » est cette petite voix qui vous répète que vous n'arriverez pas à vos fins, que vous n'êtes pas assez bon, que vous ne réussirez jamais, que votre idée ne portera pas ses fruits, que vous ne finissez pas ce que vous commencez...

Pour faire partir votre « saboteur », sachez le reconnaître.
Donnez-lui un nom :

....

Citez les phrases que le « saboteur » vous murmure à l'oreille régulièrement :

....

....

....

Écrivez les réponses positives que vous lui adresserez la prochaine fois qu'il tentera de vous décourager :

....

....

....

Attirer c'est comme jardiner

« Qui pense son bonheur le retrouve. » Jean Prieur

Les pensées négatives sont comme des mauvaises herbes qui poussent dans le jardin de votre esprit. Ces mauvaises herbes ont grandi car certaines pensées négatives ont été semées tout au long de votre enfance.
Cette mauvaise herbe empêche les fleurs, ou pensées créatrices d'abondance de fleurir dans votre tête.

La meilleure manière de remédier à ce problème est de devenir une sorte de jardinier de votre cerveau : Vous devez arracher chaque mauvaise herbe (jusqu'à la racine) et planter une graine positive à sa place.

Pour arracher les mauvaises herbes ou pensées négatives, il est essentiel d'aller au fond de cette pensée et d'y répondre. Les «tu es nul», «tu es grosse et ridée», «tu ne réussiras rien de bon».... ne possèdent aucun fondement réel et n'expriment que des opinions obsolètes. C'est vous qui décidez de leur donner du poids et de la valeur. Vous avez le pouvoir de les remplacer par des pensées positives telles que: «je suis plein de ressources», «je rajeunis avec le temps et mon corps est en pleine santé», «j'ai déjà eu beaucoup de succès et j'en aurai d'autres»... Cela peut sembler être un travail de longue haleine mais le résultat en vaut la peine. À force d'éloigner la pensée négative et de l'échanger par une pensée positive, cette dernière prendra le dessus. Plus vous travaillerez sur votre jardin, plus il sera facile d'entretien et plus votre récolte sera bénéfique.

Écrivez ci-dessous les pensées négatives qui vous viennent à l'esprit et répondez-leur par une pensée positive.
Vous pouvez aussi remplacer une habitude négative qui ne vous amène rien de concret par une positive qui va dans le sens du but escompté.

Pensées négatives	Pensées positives
....	....
....	....
....	....
....	....
....	....
....	....
....	....
....	....
....	....
....	....
....	....

Est-il nécessaire de contrôler toutes ses pensées

Des milliers de pensées forgent votre quotidien et il semble fort impensable de pouvoir toutes les contrôler.

Alors, comment faire?

Tout d'abord, sachez que c'est une des raisons pour laquelle la loi de l'attraction agit avec un certain délai: cela vous permet de changer d'avis ou de penser différemment. En effet, si vous attiriez immédiatement à vous tout ce à quoi vous pensiez, vous auriez du mal à gérer les nombreuses catastrophes qui en résulteraient.

L'Univers fait bien les choses. Plus le flux de vos pensées est rapide et volumineux, plus la loi de l'attraction agit lentement. Plus vous réfléchissez lentement en prenant le temps de choisir ce que vous voulez et plus vous tenez fermement à votre décision, plus la loi de l'attraction agit rapidement.

Avant d'être capable de ralentir ses pensées (nous verrons un moyen efficace plus tard) ou de les contrôler, vous pouvez comprendre le type d'énergie émise par celles-ci en étant à l'écoute de vos sentiments. En effet, la loi de l'attraction agit suivant l'orientation de votre énergie. Ultimement, vous souhaitez donc un maximum d'énergie positive. Il est plus facile de connaître le fond de sa pensée en portant son attention sur ce que l'on ressent.

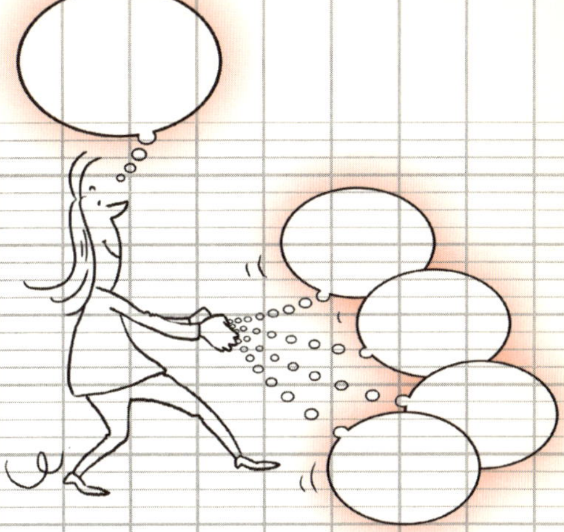

«Ce à quoi vous pensez et ressentez, et ce qui se manifeste est identique à tous les coups.» Esther Hicks

Votre instinct, intuition, votre ventre captent l'énergie émise par vos pensées. Une pensée négative surgit et votre ventre se crispe ; vous éprouvez moins de bien être. Avec des pensées joyeuses, vous êtes détendu et souriez. Utilisez vos sentiments ou émotions comme guides indiquant le genre de pensées qui vous traversent l'esprit.

Pour utiliser la loi de l'attraction positivement, remplacez vos émotions négatives par des émotions positives. Pensez à quelque chose qui vous réjouit ou écoutez une musique qui vous met de bonne humeur. Respirez profondément. La respiration peut vous aider à contrôler vos émotions. Vous modifierez ainsi le type d'énergie que vous projetez.

Évitez de douter

Le doute est l'ennemi de la réussite car, à lui seul, il dicte les limites de votre succès.

> ***Rappelez-vous*** : vous pouvez toujours dépasser vos limites et vous surpasser. Il vous semble naturel, aujourd'hui, de vous lever et de marcher, ou bien de lire ces lignes. Il fut un temps où vous ne pensiez jamais y arriver. Comme ce temps semble futile et révolu.

Songez à d'autres moments dans votre vie où vous avez surmonté un obstacle. Il semblait si grand à ce moment-là et si anodin une fois le problème résolu.
Dès que votre « saboteur » interne vous pousse à douter de vos capacités, vous envoyez des ondes négatives qui risquent d'entraîner une défaite.

Écrivez vos dix derniers succès. Rappelez-vous comment vous vous êtes senti alors. Comment vous sentez-vous maintenant ?

....

....

....

....

....

....

....

....

....

Lorsque nous avons vécu une expérience qui s'est terminée de façon négative, il nous arrive de prévoir une fin semblable lorsque les mêmes prémisses se présentent à nouveau. Cette attitude risque évidemment d'attirer ces mêmes résultats négatifs.

Pour mettre fin à ce cercle vicieux, il est essentiel de se départir de cette projection négative des événements passés. Une façon efficace pour ce faire est de ne pas généraliser.

> « L'inquiétude ne vide pas demain de son problème, elle vide aujourd'hui de sa force. » Corrie Ten Boom

Le doute est une forme de peur. Cette dernière est nécessaire pour vous indiquer que vous arrivez à une nouvelle étape dans votre vie. Savoir franchir ces caps vous permet d'augmenter votre confiance personnelle et de vous dépasser. Lorsque vous avez peur, questionnez-vous sur le fondement de celle-ci. Vous verrez, souvent, vous avez peur pour rien.

Le doute montre la peur de l'inconnu. Celle-ci peut être vaincue par une plus grande connaissance des éléments qui ont besoin d'être mis en lumière. Vous pouvez lire ou demander de l'aide à d'autres qui ont surmonté cette étape et apprendre comment faire. Vous n'êtes pas seul. Il y a au moins une personne qui est passée par là et a écrit sur ce sujet.

Savoir ce que l'on veut

Avant d'être capable d'utiliser la loi de l'attraction pour s'attirer tout ce que l'on désire dans la vie, il est primordial de savoir exactement ce que l'on veut.

> «La première raison pour laquelle les gens n'obtiennent pas ce qu'ils veulent est qu'ils ne savent pas ce qu'ils veulent.»
> Harv T. Eker

Une des meilleures manières de connaître ce que l'on souhaite recevoir est de noter tout ce que l'on ne veut pas et de décrire son opposé. Ensuite, il s'agit de se concentrer sur ce que l'on veut pour en attirer davantage. Rêvez grand. Rien ne vous y empêche.

Je ne veux pas	Donc je veux
....	....
....	....
....	....
....	....

Si vous ne connaissiez aucune limite (financière, matérielle, personnelle…) **décrivez quels seraient vos buts dans chacun des domaines suivants :**

Santé..

Amour..

Relations amicales.....................................

Relations familiales...................................

Travail..

Argent...

« Visez la lune. De cette façon, même si vous la manquez, vous atterrirez parmi les étoiles ! » W. Clement Stone

Il est important de choisir ce qui vous fera réellement plaisir et non ce que vous voulez accomplir pour faire plaisir à autrui.
Avoir, c'est aussi savoir : Rappelez-vous que vous aurez certainement besoin d'acquérir plus de connaissances afin de vous permettre d'évoluer.

Le serment

Une méthode efficace pour obtenir ce que l'on veut est d'identifier un but unique et précis et de faire le serment que vous l'obtiendrez. L'objectif doit être très précis et défini de manière positive.
S'il s'agit de maigrir, vous parlerez de « vous débarrassez d'un poids de » avec le nombre de kilos (non pas de perdre car perdre du poids est une façon négative de voir votre objectif). Écrivez le nombre de kilos exact ou la taille en centimètres que vous désirez obtenir.
Si vous voulez payer vos dettes, alors vous écrirez que vous désirez gagner un montant de... suivi du montant exact. Les dettes sont négatives et penser aux dettes vous en attirera davantage.

Si vous souhaitez rencontrer l'âme soeur, décrivez précisément les qualités que vous recherchez chez cette personne.

Si vous voulez changer d'emploi ou en trouver un, écrivez précisément le type d'emploi qui vous intéresse.

Il vous faut définir une date avant laquelle vous voulez obtenir votre résultat et ce que vous offrirez en échange.

Il est important que le délai que vous vous fixez soit atteignable.

« Une fois que vous prenez une décision, l'Univers conspire à sa réalisation. » Ralph Waldo Emerson

Rappelez-vous : l'Univers agit avec la rapidité de l'éclair. Lorsque vous vous dirigez avec fermeté vers votre but, il vous offre de nombreuses opportunités. Sachez les saisir rapidement en prenant les bonnes décisions au bon moment. Celles qui vibrent positivement dans votre for intérieur.

Votre serment :

Je soussigné,

....
(votre nom)

Promets de réussir à

....
(votre objectif)

avant...............................
(la date limite)

Je promets de...............
(vos actions)

....

pour y arriver.

Je suis sûr(e) et confiant(e) de pouvoir réussir.

Signature

Partager ses rêves, c'est parfois les diviser

Certaines personnes vont juger vos buts avec leurs propres limites et risquent de vouloir (même inconsciemment) couper votre élan (souvent dans le but de vous protéger pour ne pas que vous soyez blessé ou déçu). Ils risquent de vous décourager en partageant leurs doutes et craintes.

> ***Rappelez-vous***: chaque personne est différente et leurs limites ne sont pas les vôtres.

Dès que vous justifiez vos rêves ou vos décisions, vous créez la première faille dans le détachement (que nous décrirons plus loin) qui est vital au fonctionnement positif de la loi de l'attraction.
Choisissez également de vous entourer de gens ayant plus de succès que vous, de mentors et amis positifs qui vous encourageront dans vos démarches.

Nommez ci-dessous les gens que vous connaissez et décidez d'avance ceux avec qui vous ne partagerez pas vos rêves.

....

....

....

L'action

La différence entre un but et un rêve: le but comporte une date limite à sa réalisation et un plan d'action.

«Les pensées mènent aux sentiments. Les sentiments mènent aux actions. Les actions mènent aux résultats». Harv T. Eker.

Pour chaque objectif que vous vous êtes fixé plus tôt, **notez un premier pas**, une première action à entreprendre, la plus simple que vous pouvez imaginer. Notez-la et faites-la sans hésiter. Écrivez la prochaine étape et sautez dessus dans l'action. Et ainsi de suite.

....

....

....

Relisez votre serment et fragmentez ce but en étapes plus faciles à atteindre, en buts mensuels puis hebdomadaires.

Par exemple, si vous désirez maigrir de 10 kilogrammes en 6 mois, divisez ce total par deux, puis encore par deux, et ainsi de suite.

Ensuite, décrivez le plus grand nombre d'actions que vous devez entreprendre pour arriver à votre but. Vous aurez peut-être à les organiser en ordre prioritaire. Faites cet exercice jusqu'à arriver à décrire au moins une action quotidienne qui vous permettra de vous rendre à votre but ultime.

«Un voyage de mille lieux commence toujours par un premier pas.» Lao-Tseu

Si vous désirez gagner 1000 Euros de plus par mois dans les 6 prochains mois, notez les étapes que vous pouvez suivre pour y parvenir. Par exemple, réduire vos dépenses, demander une augmentation de salaire, accroître vos connaissances dans votre champ d'expertise afin de vous rendre plus indispensable et donc augmenter votre valeur individuelle en tant qu'employé ; investir dans des comptes d'épargne à rendement plus élevé ; en apprendre davantage sur les revenus passifs...

En agissant vers votre but, l'Univers se mobilisera pour vous venir en aide et vous apporter plus de solutions et de soutien.

Rappelez-vous : tout but est atteignable avec le plan d'action adéquat. Si vous échouez, cela signifie non pas que votre but est inatteignable, mais que vos habitudes doivent changer et que votre plan doit être rectifié.

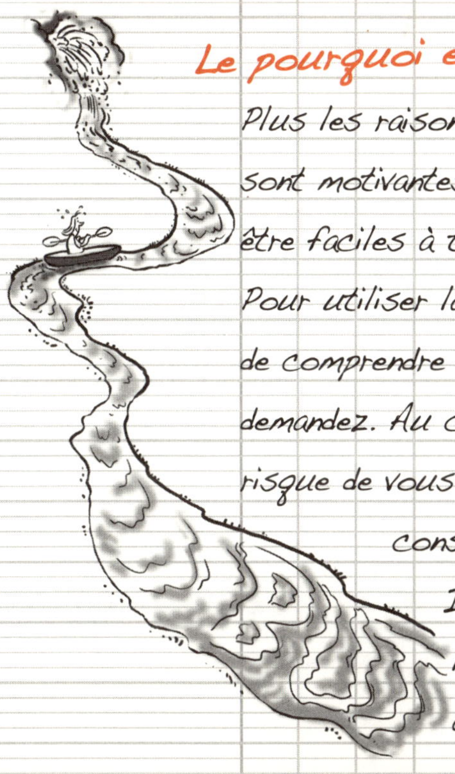

Le pourquoi est le moteur du comment

Plus les raisons qui vous poussent à atteindre votre but sont motivantes, plus les moyens pour vous y rendre vont être faciles à trouver.

Pour utiliser la loi de l'attraction, vous n'avez nul besoin de comprendre comment vous allez obtenir ce que vous demandez. Au contraire, se questionner sur le « comment » risque de vous faire douter de vos capacités et, par conséquent, de nuire à votre pouvoir d'attraction.

Il est bien plus important de connaître les motifs profonds qui vous poussent à viser un objectif plutôt qu'un autre.

Relisez votre serment et **écrivez sur chaque flèche une raison motivante qui vous incite à réussir.** Par exemple, si vous souhaitez plus d'argent, notez ce que cet argent va acheter. S'il s'agit de santé, écrivez ce que cela vous permettra de faire…

➽ .... ➽ ....

➽ .... ➽ ....

Rappelez-vous: l'Univers se charge de trouver le moyen le plus rapide pour vous mener à votre but et il en existe des milliers. Parfois, vous n'en percevez qu'un nombre restreint car vous basez votre raisonnement sur la réalité que vous observez à ce moment précis et la conjuguez à votre expérience passée. Or, le futur est toujours en mouvement et peut vous offrir bien plus de moyens que vous ne pouvez l'imaginer.

Dès que vous êtes poussé par des raisons enthousiasmantes, votre subconscient regarde intensément autour de vous, en quête d'indices vous permettant d'atteindre votre objectif de la manière la plus directe et rapide qui soit.
Il est donc nécessaire de désirer ardemment l'atteinte de votre but et de rester attentif.
La loi de l'attraction vous offre un délai de réaction pour vous permettre de changer d'avis. Si vous êtes certain de ce que vous voulez et croyez que vous le méritez, alors persévérez dans votre quête et montrez de la détermination.

Si vous avez peur de ne pas pouvoir vous rendre à votre objectif ou pensez (souvent inconsciemment) ne pas le mériter, vous manquez simplement de confiance en vous. La confiance en soi et l'amour-propre, ça s'apprend.

L'ami de votre ami est votre ami

L'Univers vous traitera à la même valeur que celle que vous vous donnez. Si vous manquez d'estime de vous, vous ramènerez à vous les individus et les circonstances qui reflètent votre niveau d'amour-propre.

Un manque d'estime de soi transmet des ondes négatives dans l'Univers. L'Univers vous renvoie ce que vous pensez mériter. Pour recevoir plus, vous devez être certain de valoir davantage et d'agir de la sorte envers vous.

« ...Donc, l'un des moyens les plus puissants pour transformer votre vie est de devenir conscient de vos croyances et vos sentiments au sujet de vous-même. »
Dr. John Demartini

Réfléchissez un instant à la manière dont vous agissez envers vous et imaginez votre réaction si c'était un ami qui vous traitait de la sorte :

	Fréquemment	Souvent	Rarement	Jamais
• *Pointer vos défauts dans le miroir en fronçant les sourcils, sans jamais sourire ?*	☐	☐	☐	☐
• *Vous critiquer régulièrement et vous juger sévèrement lorsque vous faites une erreur ? (Tu ne sais pas ce que tu dis, quel imbécile !, tu fais toujours des bêtises…)*	☐	☐	☐	☐
• *Manquer à ses promesses et même mentir ?*	☐	☐	☐	☐
• *Vous empoisonner avec des colas, et de la nourriture malsaine ?*	☐	☐	☐	☐
• *Vous empêcher de faire du sport et nuire à votre santé ? Vous empêcher de dormir ?*	☐	☐	☐	☐
• *Ne jamais nettoyer le logis ou être « présentable » uniquement quand il y a de la visite ? Cuisiner uniquement des bons petits plats pour les autres ?*	☐	☐	☐	☐

Est-ce que vous vous traitez moins bien qu'autrui et pourquoi? Vous méritez autant si ce n'est plus de bonnes attentions envers vous-même.

Ne faites pas à vous-même ce que vous ne souhaitez pas que quelqu'un d'autre vous fasse.

«Aide-toi et le ciel t'aidera»

Rappelez-vous: vous êtes la personne avec laquelle vous allez passer la plus longue période de votre vie. Vous ne pouvez pas vous départir de vous alors prenez soin de vous et chérissez-vous d'abord et avant tout. Gardez en tête que vous êtes votre meilleur ami et agissez de la sorte.

S'aimer c'est réussir

Imaginez une personne qui vous manque de respect, vous ment, vous insulte et vous critique continuellement... Voudriez-vous venir en aide à cet individu et lui faire plaisir? Si, en plus, cette personne ne cessait de vous demander des faveurs, vous seriez probablement très las de cette relation et tenteriez de la fuir à tout prix.

Lorsque les gens s'offrent peu d'amour, ils se traitent exactement comme cet ennemi que l'on essaye de semer. C'est d'ailleurs pour cette raison que certains vont chercher des échappatoires dans l'alcool, la cigarette, le jeu, une sexualité exagérée, le travail...

L'Univers ne souhaite pas plus venir en aide à celui qui manque d'amour-propre que vous ne souhaitez perdre votre temps avec votre ennemi.

Vous pouvez augmenter votre amour-propre en : vous promettant moins mais en gardant vos promesses : manger plus sainement, faire plus de sport, maintenir votre logis rangé et propre, soigner votre apparence pour vous, vous cuisiner des petits plats que vous aimez, vous faire régulièrement des compliments ainsi que des cadeaux (une journée au spa, un dîner au restaurant), relever vos qualités physiques, apprécier davantage vos défauts...

En développant votre amour-propre, vous prendrez plus de bonnes décisions rapidement. Vous reconnaîtrez également les chemins les plus directs vers votre but.

Rappelez-vous: S'aimer c'est réussir et réussir c'est maintenir un équilibre sain entre l'argent, la santé, la famille et les amis. Ne perdez pas de vue un domaine de votre vie pour atteindre un but dans un autre. Sinon, vous serez de nouveau en position de déséquilibre et serez face à de nouveaux obstacles.

Montre-moi ton ami et je te dirai qui tu es

« Votre futur ressemblera à la moyenne de celui des cinq personnes avec qui vous passez le plus de temps ». Jim Rohn.

Prenez conscience de la vie que mène les gens avec qui vous passez le plus de temps.

- *Est-ce que ce sont des gens positifs ou négatifs?*

....

- *Se plaignent-ils de douleurs physiques?*

oui ☐ non ☐

- *Ont-ils un emploi?*

oui ☐ non ☐

- *Sont-ils en couple?*

oui ☐ non ☐

- *Vivent-ils des difficultés financières?*

oui ☐ non ☐

- *Vous encouragent-ils à réussir?*

oui ☐ non ☐

- *Leur vie ressemble-t-elle à celle que vous souhaitez mener?*

oui ☐ non ☐

Sachez qu'en utilisant la loi de l'attraction pour obtenir le meilleur dans votre vie, certaines personnes de votre entourage feront inévitablement place à de meilleures rencontres.

Les gens qui vont entourent en ce moment reflètent ce que vous pensez de votre vie actuelle. Si vous désirez un changement dans votre futur, vous aurez probablement à changer de cercle.

Si vous souhaitez augmenter la qualité de votre entourage, devenez une meilleure personne car c'est ce que de meilleurs individus recherchent aussi.

Afin d'attirer des êtres positifs, il est nécessaire de devenir cette personne positive que vous aimeriez rencontrer.

Dès à présent, vous pouvez **faire la liste des qualités que vous appréciez chez autrui**. Ensuite, cochez celles que vous possédez déjà. Pour les autres, vous pouvez apprendre à les développer: «Qui se ressemble s'assemble».

....

....

....

La visualisation

«Tout ce que l'esprit conçoit et croit, il peut l'obtenir.»
Napoléon Hill

La visualisation consiste à se faire une image précise du résultat souhaité tout en s'imaginant sa concrétisation.

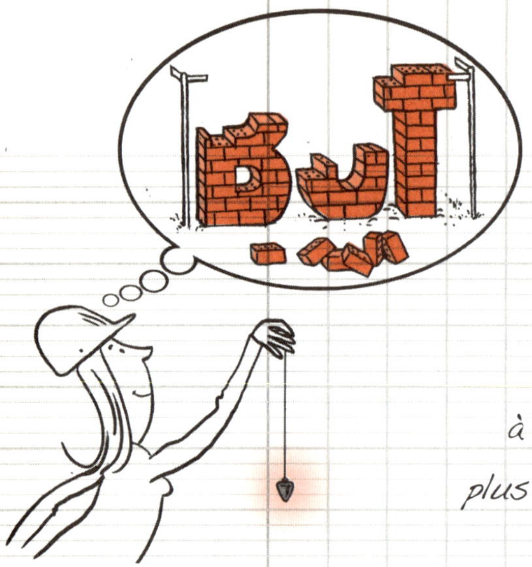

La loi de l'attraction réagit en concordance avec les vibrations énergétiques émises lors de vos visualisations. Plus ces dernières seront détaillées et associées à de la joie, du soulagement et de la gratitude, plus vous atteindrez ce but rapidement.

Comment visualiser:

1. Découpez les images (dans des magazines ou autres) qui reflètent ce que vous désirez obtenir et collez-les sur un tableau ou un grand carton blanc. Accrochez-le dans un endroit que vous fréquentez régulièrement. Lorsque vous observez ces images, laissez-vous aller à imaginer le bonheur ressenti lorsque vous aurez atteint votre objectif.

2. Décrivez en détails une journée parfaite telle que vous pourriez l'envisager une fois votre résultat obtenu. Débutez par: «En ce jour du» (avec la date d'obtention inscrite dans votre serment), «je suis si heureux(se) de…»

Relisez cette lettre souvent en vous baignant du même bonheur que vous ressentirez quand vous y serez.

3. Pratiquez la sensation de bien-être associée au résultat souhaité. Si vous désirez plus de moyens financiers, promenez-vous dans des magasins chics et luxueux en faisant des achats imaginaires ou faites un essai routier dans votre voiture de rêve. Si vous désirez une vie amoureuse, visitez des endroits romantiques en vous imaginant en compagnie de votre douce moitié.

La plupart des champions olympiques utilisent la visualisation pour se préparer mentalement à la victoire.

> "Ce que vous visualisez, vous le matérialisez"
> Dr. Denis Waitley

La visualisation permet de vous motiver davantage pour atteindre votre but. Également, elle vous aide à garder votre objectif en tête.

L'importance du détachement

Il est nécessaire de désirer ardemment atteindre son but. Il est tout aussi essentiel de se détacher du résultat afin de profiter du moment présent.

C'est un équilibre apparemment difficilement atteignable mais possible. Sachez que votre bonheur ne dépend pas de la finalité mais qu'il se trouve en vous tout au long du parcours. D'ailleurs, une fois ce but atteint, un autre vous attirera irrésistiblement. Sans prendre vraiment le temps de célébrer et de savourer leur victoire, beaucoup se dirigeront vers de nouvelles conquêtes, vers de nouveaux sommets.

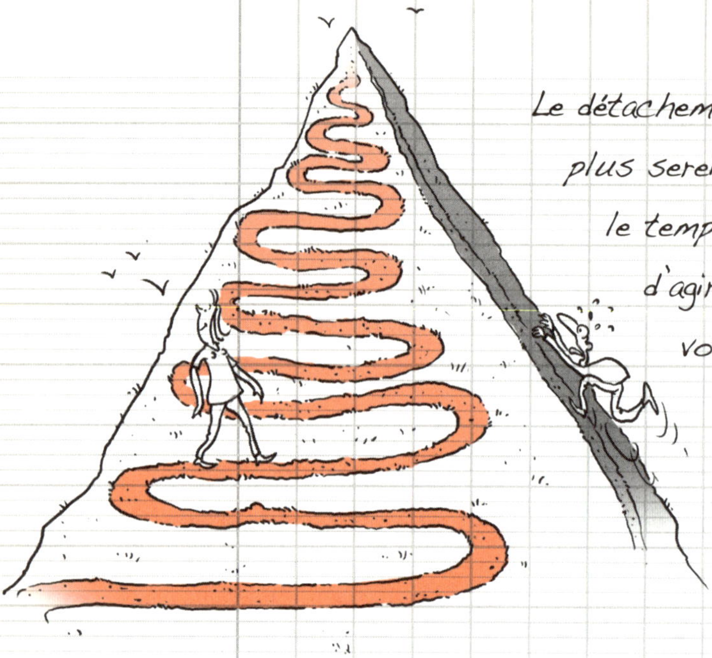

Le détachement vous permettra d'être plus serein et patient afin de laisser le temps à la loi de l'attraction d'agir. En étant moins pressé, votre vision sera plus claire et vous choisirez plus précautionneusement les moyens se présentant sur votre route.

Souvent, le chemin le plus court s'avère être celui qui demande le plus d'efforts et finit par devenir le plus coûteux. La patience est requise également pour permettre aux résultats de se montrer : un pas à la fois.

C'est un peu comme quand vous allez à la pêche.

Si vous sentez un poisson s'accrocher à la ligne et tirez à la hâte sur votre canne, vous risquez de perdre votre pêche. D'autre part, le manque de lâcher-prise est un signe de manque de confiance en soi. En restant accroché au résultat, vous envoyez des ondes constituées de peur. Cette peur peut attirer l'objectif manqué que vous craignez et non le succès.

Dépendre ardemment du résultat démontre également un manque de confiance en l'Univers. Qui vous dit que ce qui vous attend n'est pas encore mieux que ce que vous souhaitez?

Rappelez-vous: Ce à quoi vous résisterez persistera. Si vous éprouvez un sentiment de malaise face à une situation (de la colère, de la frustration...), demandez-vous «qu'est-ce que j'essaie de contrer ou de contrôler?»

Votre bonheur ne doit pas dépendre de votre résultat. Sinon, vous serez toujours à sa recherche sans l'obtenir réellement. De plus, la loi de l'attraction fonctionne positivement beaucoup mieux lorsque vous ressentez déjà le contentement au fond de vous. Autrement, elle attire le manque que vous essayez de combler.

Le détachement c'est aussi savoir dire « et alors ? »

Les gens qui prévoient le pire sont rarement déçus.

Ils attribuent souvent leurs échecs à un passé difficile.

Rappelez-vous que certains individus ont survécu à un passé plus difficile que le vôtre et vivent mieux que vous à présent.

S'attacher aux expériences négatives passées abaisse votre niveau d'énergie. Vous risquez d'attirer ces expériences que vous craignez.

Le passé n'est aucunement le précurseur du futur si vous ne lui en donnez pas le pouvoir.

En laissant votre passé derrière vous, vous devenez réceptif aux possibilités positives illimitées.

« Vous ne vous rappelez pas ce qui s'est passé. Ce dont vous vous rappelez devient ce qui s'est passé. » John Green

Notez les expériences passées de votre vie qui risquent d'affecter les différents domaines recherchés.

....

....

Comment celles-ci ont-elles affecté votre présent? Décrivez les idées négatives et les sentiments négatifs qui ont entouré ces expériences. **De quelle manière vous sentez-vous limité par ces croyances et sentiments?**

....

....

Donnez à cette même expérience une conclusion positive.

....

....

S'attendre au meilleur

Vivre dans l'instant présent tout en vous attendant au meilleur et garder en tête votre but tout en restant détaché du résultat: voici l'équilibre qu'il est nécessaire de perfectionner pour devenir maître dans l'utilisation positive de la loi de l'attraction.

Vivez dans l'attente du meilleur comme si vous l'aviez déjà obtenu. Une personne en bonne santé ne s'inquiète pas sans arrêt de savoir si elle va guérir. Une personne riche ne parle pas continuellement de se sortir de ses dettes.
La personne vivant une vie amoureuse épanouie ne se demande pas tout le temps si elle va rencontrer l'âme soeur.
Vivez chaque instant comme si vous aviez atteint votre but. Prenez le temps de vivre et de profiter de ce que vous possédez déjà. Dans l'attente joyeuse du résultat, vous augmentez vos vibrations positives et vous réduisez les inquiétudes et doutes qui peuvent entraver votre accès au succès.

Vivre au moment présent

La meilleure manière de se détacher du résultat voulu est de vivre dans le moment présent.

« Hier est histoire. Demain est un mystère. Et aujourd'hui ? Aujourd'hui est un cadeau. C'est pourquoi nous l'appelons le présent » Babatunde Olatunji

Rappelez-vous: vous ne pouvez pas changer le passé donc il ne vous sert à rien de traîner le fardeau de vos regrets. Vous ne contrôlez pas le futur et l'éventail des possibilités reste ouvert tant que vos craintes et vos doutes ne l'ont pas raccourci. Par conséquent, il ne sert à rien de vous en faire. C'est dans le présent que tout est encore possible et que la loi de l'attraction opère. En étant présent à chaque moment, vous pouvez remarquer et bénéficier des moyens disponibles pour parvenir à vos fins.

La meilleure façon de vivre au moment présent est de se concentrer sur vos actions présentes. Ne vous engouffrez pas dans vos habitudes quotidiennes sans prendre garde à ce que vous faites, en réfléchissant aux sombres avenues possibles et en plongeant dans le doute et l'angoisse.

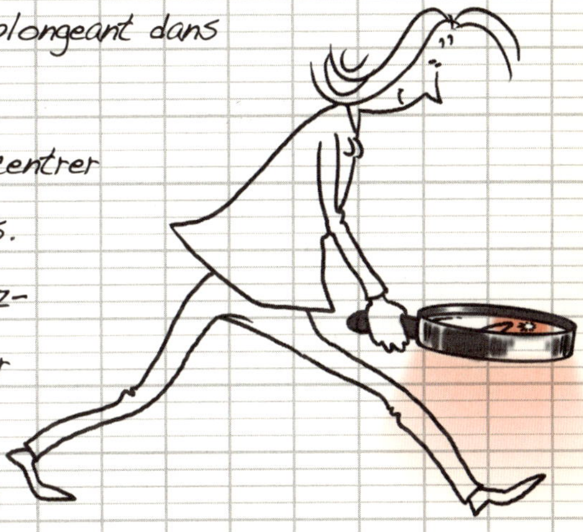

Habituez-vous à vous recentrer sur chacun de vos gestes. Pour commencer, procurez-vous une faible alarme, sur votre téléphone portable par exemple. En sonnant à intervalles régulières, elle vous rappellera de vous focaliser sur le moment présent.

Lorsque vous vous concentrez sur vos actions, votre esprit n'a pas le temps de divaguer vers le doute. De plus, vous agissez plus diligemment et avec plus d'habileté. Cette efficacité vous permet de compléter plus rapidement les étapes vous menant à votre but.

Vous pouvez vous référer au Petit Cahier d'Exercices de pleine conscience d'Ilios Kotsou (Editions Jouvence).

La méditation est aussi un moyen efficace pour développer cette concentration.

Méditation

Étant donné que les pensées ont le pouvoir de se matérialiser, il est primordial d'en contrôler davantage le flux ainsi que le contenu.

En réduisant le nombre de vos pensées, vous choisissez celles qui sont positives et qui s'identifient aux rêves que vous souhaitez réaliser.

La méditation vous offre la possibilité de ralentir le flux de vos pensées : votre vacarme intérieur. Elle vous permet le détachement nécessaire. La méditation augmente votre énergie positive. De plus, en faisant le vide dans votre esprit, vous créez un espace essentiel qui permettra aux nouvelles idées créatrices de succès de faire surface.

« Sans méditation, on est comme un aveugle dans un monde d'une grande beauté, plein de lumière et de couleurs. »
Jiddu Krishnamurti

La méditation est, à la base, une forme de concentration ultime. Il en existe plusieurs formes dont voici la plus simple :

Asseyez-vous confortablement dans un endroit calme, soit en prenant la position du lotus, soit sur une chaise, vos deux pieds ancrés au sol et vos mains à plat sur vos genoux, paumes tournées vers le ciel.

Pour débuter, dirigez toute votre attention sur votre respiration, en pensant uniquement à votre inspiration et votre expiration, en prêtant le moins d'attention possible aux pensées qui vont vous traverser l'esprit.

Avec de la pratique, vous pourrez vous concentrer davantage sur votre silence intérieur.

Il est recommandé de méditer vingt minutes par jour mais vous pouvez commencer par cinq minutes au réveil.
Si vous avez un emploi du temps chargé, réveillez-vous plus tôt le matin et isolez-vous dans un lieu vous procurant la paix et la tranquillité nécessaires.
Avec le temps, en vous exerçant régulièrement, vous serez à même de méditer n'importe où et n'importe quand.
En pratiquant la méditation, vous vous exercez à focaliser votre attention. Cela vous aidera dans tous les aspects de votre vie.
Vous serez plus serein et plus disposé à prendre de sages décisions. Vous saurez être davantage à l'écoute de votre voix intérieure.

Dites Merci

La gratitude augmente l'énergie positive indispensable pour s'attirer plus de positif dans sa vie.
Plus vous êtes heureux, plus l'Univers s'attachera à vous rendre encore plus heureux. Lorsque vous ressentez de la gratitude pour quelque chose de particulier, votre énergie est identique à celle émise par l'amour. Et l'énergie produite par l'amour est la plus intense qui soit.

Recherchez des choses à apprécier et vous en recevrez davantage. Portez votre attention sur ce qui vous rend heureux et ce genre d'expériences fortuites se reproduira.

CE SUR QUOI NOUS PORTONS NOTRE ATTENTION, PREND DE L'EXPANSION.

Trouvez des raisons d'être heureux dans votre quotidien et vous en remarquerez de plus en plus.

Faites une liste de 10 raisons pour lesquelles vous ressentez de la gratitude (ce peut être aussi simple que d'avoir des yeux pour lire ceci, des vêtements, un toit, la santé…) Relisez cette liste fréquemment et faites-la grandir :

....

....

....

....

....

Ce dont on se plaint le plus va resurgir rapidement. Si votre concentration est axée sur une chose que vous déplorez (que ce soit le défaut de quelqu'un, les factures, une douleur), vous utilisez la loi de l'attraction dans le sens négatif et vous attirez ainsi plus de raisons de vous plaindre.

Ne portez pas la majeure partie de votre attention sur ce qui vous dérange. En acceptant une situation telle qu'elle est, vous en faites plus rapidement le tour et pouvez passer à une autre étape plus positive.

Dirigez davantage votre attention sur les moyens de remédier aux ennuis. Concentrez-vous sur ce que vous appréciez et apprenez à pardonner.

Pardonner c'est se donner une part de bonheur

L'action de pardonner élève intensément votre énergie de manière positive. Pensez-y: Comment vous sentez-vous lorsque vous songez à une personne qui vous a fait du tort, à qui vous en voulez: bien ou mal?

> **« Le ressentiment est le poison que l'on boit en pensant tuer son ennemi. »** *Nelson Mandela*

Nombreux sont
ceux pour qui il
s'avère impensable
de pardonner.
Il est important de
comprendre que l'acte
de pardonner vous libère de la
négativité liée à un événement passé. Pardonner ne veut pas dire accepter. Pardonner signifie se départir de la négativité liée à ces circonstances afin de se sentir plus léger et plus positif. Il s'agit de se dissocier de la douleur et de comprendre que chaque personne fait du mieux qu'elle peut au moment où elle agit. Ces actions peuvent être blessantes pour autrui mais, dans la plupart des cas, l'individu ne s'en rend même pas compte. S'il s'en rend compte, il aura à vivre avec ses remords et son sentiment de culpabilité.

Lorsque vous vous remémorez un événement déplorable, vous le faites revivre. En effet, la première fois, l'acte blessant peut avoir été perpétré par autrui mais, à chaque fois que vous vous en rappelez avec du ressentiment, c'est vous qui vous faites souffrir.

Choisissez une action que vous avez faite et pour laquelle vous vous en voulez. Sachez que vous avez fait de votre mieux à ce moment précis avec l'information qui était à votre disposition. Étant donné que vous avez évolué depuis, vous jugez votre erreur rétrospectivement avec plus d'informations et d'expérience. Il est normal de se rendre compte alors de son erreur passée. Mais, c'est cette erreur qui vous a appris la leçon qui vous permet d'avancer dans la vie.

Plus vous vous aimerez, moins vos choix seront erronés.

Pardonner, c'est s'offrir à soi de l'amour.

Donner c'est recevoir

La meilleure manière de recevoir davantage se fait par l'acte de donner. Si vous avez besoin de plus de temps, consacrez de votre temps. Si vous recherchez une relation amoureuse, offrez de l'amour à vos proches. Si vous voulez plus d'argent, faites preuve de charité en donnant quelques sous à une oeuvre de bienfaisance.

La générosité est un acte de foi et un acte du coeur. N'offrez rien si vous le faites dans l'attente qu'il vous le soit rendu.

« Le bonheur existe sur terre et il est obtenu grâce au prudent exercice de la raison, à la connaissance de l'harmonie de l'Univers et à la pratique constante de la générosité. » José Marti

Offrir généreusement et inconditionnellement témoigne de votre confiance dans l'abondance de l'Univers. Votre subconscient sait que vous ne pouvez offrir que ce dont vous êtes certain de ne jamais manquer.

Lorsque vous éprouvez une peur de manque, vous attirez à vous ce manque. Lorsque vous donnez généreusement, vous témoignez de votre confiance et, par conséquent, vous attirez d'autres raisons d'avoir confiance.

Si vous n'offrez pas d'amour de peur d'être blessé, vous serez probablement blessé. Si vous avez peur d'être dans le besoin, vous serez dans le besoin.

En étant généreux, vous attirez la générosité, si ce n'est des gens autour de vous, ce sera de l'Univers entier.

De plus, la générosité augmente votre vibration positive ce qui vous attire plus d'éléments positifs dans la vie. La générosité cela signifie également offrir ces enseignements à vos enfants afin qu'ils développent, dès leur plus jeune âge, leur pouvoir d'attirer le meilleur.

L'Univers est abondant et peut répondre aux besoins de chacun. Chaque individu est différent dans ce qu'il désire obtenir et il y a de la place pour tout le monde.

Ne limitez pas les rêves de vos enfants de peur qu'ils soient déçus ou blessés. Ne les étiquetez pas dès leur plus jeune âge sans leur offrir la possibilité de s'épanouir. Ne leur façonnez pas un chemin que vous auriez souhaité vôtre. Sachez les aimer inconditionnellement en leur offrant cet amour qui permet à l'autre d'être libre de choisir sa destinée avec un maximum d'outils en main pour la réussir. En gravissant les marches de votre succès, aidez les autres. Offrez vos pensées positives aux autres humains et à la planète entière.

Vous voici mieux équipé pour attirer le meilleur à vous en utilisant positivement la loi de l'attraction.

Si vous savez ce que vous voulez, que vous avez confiance en vous et dans l'Univers, que vous vous dirigez avec détermination vers votre but et persévérez malgré les obstacles, que vous gardez votre objectif en tête tout en restant détaché du résultat final afin de pouvoir profiter du moment présent, que vous êtes réceptif aux opportunités qui se présentent à vous, vous allez devenir le magicien de votre vie.

Vous êtes déjà sur la voie du succès. Vous avez le pouvoir et le devoir d'être heureux et d'attirer tout le meilleur dans votre vie !

Rappelez-vous: ce que vous pouvez faire de mieux, c'est de faire de votre mieux !

Pour être certains d'être sur la voie du succès, **répondez aux questions suivantes**. Si vous voyez que vous avez encore du travail à faire, ne vous inquiétez pas; la maîtrise de la loi de l'attraction ne se fait pas du jour au lendemain. Revenez aux sections du livre qui les concernent.

1-Avez-vous noté les qualités que vous admirez en vous?

oui ☐ non ☐

2-Possédez-vous un maximum d'estime et de confiance en vous?

oui ☐ non ☐

3-Avez-vous défini un but clair et précis à atteindre dans un délai raisonnable?

oui ☐ non ☐

4- Avez-vous établi un plan d'action et entrepris la première étape par ordre prioritaire sur votre liste?

oui ☐ non ☐

5- Avez-vous commencé à méditer, au moins cinq minutes par jour pour débuter?

oui ☐ non ☐

6- Avez-vous entrepris de pardonner vos erreurs passées ainsi que celles des autres?

oui ☐ non ☐

7-Avez-vous écrit votre liste de gratitude?

oui ☐ non ☐

8-Avez-vous brillé par votre générosité?

oui ☐ non ☐

Ce petit cahier d'exercices a été conçu afin de vous offrir les enseignements essentiels à l'utilisation de la loi de l'attraction. Revenez-y régulièrement afin de garder le cap vers votre succès.

Décidez ce que vous voulez, croyez que vous pouvez l'obtenir, croyez que vous le méritez. Croyez que c'est possible car ça l'est! Fermez les yeux, chaque jour, pendant plusieurs minutes et méditez. Visualisez que vous avez déjà réussi et vivez dans l'heureuse attente. Chaque jour, soyez reconnaissant de tout ce qui vous arrive. Gardez confiance dans l'Univers en restant assuré que vous attirez le meilleur à vous.

CECI EST LE PREMIER PAS VERS LE RESTE DE VOTRE VIE.

Bibliographie :

Esther et Jerry Hicks, *La loi de l'attraction*, Éditions G. Trédaniel

Jack Canfield, *Le succès selon Jack*, Éditions Un Monde Différent

Napoleon Hill et Clément Stone, *Le succès par la pensée constructive*, Éditions de l'Homme

Bernard Raquin, *Choisir ses émotions*, Éditions Jouvence

Achevé d'imprimer en France en juin 2013
par l'imprimerie Hérissey à Évreux (Eure)
Dépôt légal : juin 2013
N° d'impression : 120694

Ce livre est imprimé par Hérissey qui assure une stricte application
des règles concernant le recyclage et le traitement des déchets,
ainsi que la réduction des besoins énergétiques.